역사를 읽으면 통찰력을 얻는다
중국역사를 읽으면 중국으로 가는 길이 보인다

21일간의 이야기만화 역사기행

만리 중국사

COMIC VERSION OF CHINESE HISTORY 20, 21

Copyright ⓒ 中国美术出版社总社连环画出版社; 编绘: 孙家裕; 主笔: 欧昱荣
Korean translation copyright ⓒ 2013 by Korean Studies Information Co., Ltd.
Korean translation rights of 《COMIC VERSION OF CHINESE HISTORY》
arranged with LIANHUANHUA PUBLISHER directly.

21일간의 이야기만화 역사기행

만리 중국사

10권 삼국 **2**

초판인쇄 2014년 1월 24일
초판발행 2014년 1월 24일

글·그림 쑨자위
글 어우위룽
옮긴이 류방승
펴낸이 채종준
기획 권성용
편집 정지윤, 백혜림
디자인 박능원, 이효은
마케팅 송대호, 정경철, 이행은

펴낸곳 한국학술정보(주)
주소 경기도 파주시 문발동 파주출판문화정보산업단지 513-5
전화 031) 908-3181(대표)
팩스 031) 908-3189
홈페이지 http://ebook.kstudy.com
전자우편 출판사업부 publish@kstudy.com
등록 제일산-115호(2000. 6. 19)

ISBN 978-89-268-5426-6 14910
         978-89-268-5416-7 14910(set)

群雄割據
군웅할거, 영웅들의 시대

10권 삼국 2

쑨자위 글·그림
어우위롱 글

만리
중국사

21일간의 이야기만화 역사기행

이담
Books

중국은 세계 4대 문명 발상지 가운데 하나다. 중화 문명은 아득히 먼 옛날부터 수천 년 동안 전해져 내려오며 상고上古, 하夏, 상商, 주周, 춘추春秋, 전국戰國, 진秦, 서한西漢, 동한東漢, 삼국三國, 서진西晉, 동진東晉, 남북조南北朝, 수隋, 당唐, 오대십국五代十國, 송宋, 요遼, 서하西夏, 금金, 원元, 명明. 청淸 등의 역사 시대를 거쳤다.

중화 문명은 세계에서 가장 오래된 문명이자 가장 오래 지속된 문명이기도 하다. 중화 문명과 어깨를 나란히 한 문명으로는 고대 바빌론 문명, 고대 그리스 문명, 고대 이집트 문명 등이 있다. 어떤 문명은 중국보다 먼저 발생하고, 또 범위도 훨씬 넓었지만 이들은 이민족의 침입 혹은 스스로의 부패로 인해 멸망하여 결국 기나긴 역사 속에서 연기처럼 사라져 버렸다. 중국만이 세계에서 유일하게 문명 대국을 자랑하며 유구한 역사를 이어 오고 있다.

수천 년 동안 중화 민족은 무엇에도 굴하지 않는 강인한 의지와 과감한 탐구 정신, 총명한 지혜로 웅장한 역사의 장을 엶과 동시에 눈부시게 찬란한 물질문명과 정신문명을 창조했다.

이 책의 편집 제작은 정사正史를 바탕으로 진실하고 객관적인 사실을 전달하는 데 주력했다. 또한 역사를 만화 형식으로 풀어 씀으로써 독자들이 아름답고 다채로우며 생동감 넘치는 장면을 느끼리라 기대한다. 독자 여러분들이 쉽고 재미있게 읽는 가운데 역사를 직접 느끼고 역사에 융화되어 깨닫는 바가 있기를 바란다.

지렌하이紀連海
중국 CCTV '백가강단百家講壇' 강사

군웅할거群雄割據,
영웅들의 시대

삼국三國 시대(220~280년)는 동한東漢 멸망 후 서진西晉이 들어서기까지 위魏, 촉蜀, 오吳 삼국이 정립鼎立하던 시기를 가리킨다.

동한 말기에 이르러 외척과 환관이 권력을 마음대로 휘둘러 국력이 크게 쇠퇴하고 천재지변이 끊이지 않았다. 특히 184년, 장각張角은 태평도太平道를 조직하고 민간에 이를 널리 퍼뜨려 수십만 명에 이르는 신도를 모집했다. 태평도는 '푸른 하늘이 죽고 누런 하늘이 일어나니, 갑자년에 천하가 크게 길해지리라'라는 구호를 내걸고 한나라에 반란을 일으켰다. 이것이 바로 중국 역사에서 유명한 '황건군黃巾軍의 봉기'이다.

한나라 황실이 유명무실한 존재로 전락함에 따라 각지에서 기병한 제후들이 반란군을 진압하는 과정에서 기반을 넓히고 군대를 확충하여 군웅이 할거하는 국면을 형성했다. 이 과정에서 가장 두각을 나타낸 이는 조조曹操였다. 그는 189년에 군사를 일으켜 황건군을 격파하고 동탁董卓을 토벌했으며 북방의 강자인 원소袁紹를 관도官渡 대전에서 제압해 북방을 통일하고 중앙의 정권을 장악했다.

한편 한나라 종친 유비劉備는 제갈량諸葛亮의 도움으로 형주를 손에 넣고, 강남의 실력자 손권孫權과 동맹하여 적벽赤壁 대전에서 조조의 남하를 저지했으며, 211년에 익주를 공략해 통치 기반을 마련했다. 손권은 유비와 싸워 형주를 차지하고, 장강長江 중·하류인 강남지역을 세력 하에 두었다.

220년에 조조의 아들 조비曹丕가 동한의 헌제를 강압해 제위를 양위 받고 낙양에 도읍하여 위魏라고 칭하자, 219년에 한중왕漢中王을 칭했던 유비는 한의 계승을 명분으로 221년 성도成都에 도읍을 정하고 황제에 올랐다. 손권은 처음에 위에게 오왕吳王으로 봉해졌으나 222년에 스스로 연호를 세우고 제위에 올라 삼국의 분립이 확정되었다.

삼국의 역사는 명나라 때 나관중羅貫中의 소설 『삼국연의三國演義』를 통해 후세에 널리 알려졌다. 간웅의 대명사 조조, 지혜가 뛰어난 제갈량, 충성과 의리의 화신 조운趙雲, 카리스마 넘치는 주유周瑜 등 『삼국연의』에 등장하는 인물들은 개성이 강하고 생동감이 넘친다. 지금까지도 삼국의 이야기와 인물들은 소설과 영화 등을 통해 끊임없이 소개되며 재조명받고 있다.

상고 上古		B.C. 약 800만~2000년
하 夏		B.C. 2070~1600년
상 商		B.C. 1600~1046년
주 周		B.C. 1046~771년
춘추 春秋		B.C. 770~403년
전국 戰國		B.C. 403~221년
진 秦		B.C. 221~206년
한 漢	서한 西漢	B.C. 206~A.D. 25년
	동한 東漢	25~220년
삼국 三國_위·촉·오		220~280년
양진 兩晉	서진 西晉	265~317년
	동진 東晉	317~420년
남북조 南北朝		420~581년
수 隋		581~618년
당 唐		618~907년
오대십국 五代十國		907~960년
송 宋	북송 北宋	960~1127년
	남송 南宋	1127~1279년
요 遼		907~1125년
서하 西夏		1038~1227년
금 金		1115~1234년
원 元		1271~1368년
명 明		1368~1644년
청 淸		1644~1911년

삼국 三國

- 214년 유비가 성도에 입성하고 익주를 차지함.
- 215년 유비가 손권에게 형주를 떼어주고 화친을 맺음, 손권이 조조군의 합비를 공격
- 216년 조조의 한중 평정, 조조가 위왕에 오름.
- 219년 황충이 정군산에서 하후연을 죽임, 유비가 한중왕에 오름, 관우가 번성에서 대승을 거둔 후 여몽의 계책에 넘어가 참수당함.
- 220년 조조의 죽음, 조비가 황제를 칭하고 국호를 위라 함.
- 221년 유비가 황제를 칭하고 국호를 한이라 함.
- 222년 육손이 이릉 전투에서 촉군을 대파함, 손권이 오왕에 오름.
- 223년 유비가 죽고 유선이 뒤를 이음, 제갈량이 오와 다시 동맹을 맺음.
- 226년 조비의 병사
- 227~234년 제갈량이 「출사표」를 쓰고 여섯 번 기산으로 나감.
- 228년 제갈량이 울면서 마속을 벰.
- 229년 손권이 황제를 칭하고 국호를 오라 함.
- 234년 제갈량이 오장원에서 병사
- 249년 사마의가 쿠데타를 일으켜 조상을 제압함.
- 251년 사마의가 병사함.
- 255년 사마사가 죽고 사마소가 뒤를 이음.
- 260년 사마소가 조모를 시해함.
- 263년 조위가 촉한을 멸함.
- 265년 사마염이 진을 건국
- 280년 서진이 오를 멸하고 전국을 통일

차례

삼국 上

삼국 下

삼국 上

삼국
上
三國

유비劉備

서한시대 중산정왕中山靖王
유승劉勝의 후예로 영제靈帝 말년에
황건군을 토벌하는 공을 세우면서
정치 무대에 등장했다.
후에 삼고초려로 제갈량을 얻어
촉한을 개국하고
소열제昭烈帝에 올랐다.

방통龐統

삼국시대 유비의 주요 모사.
재능이 제갈량과 비견됐고
관직은 군사중랑장에
제수되었다.

감녕甘寧

파군 임강 사람으로
오나라의 대장이다.
성격이 불같고
용맹 무쌍하며
충성심이 강했다.
다만 옛 원한을
절대 잊지 않았다.

손권孫權

삼국시대 오나라의 개국 황제.
손견의 차남으로 어렸을 때
형 손책을 따라 강동을 평정했다.
229년에 황제를 칭하고 정식
으로 오나라를 건립했다.

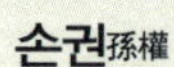

제갈량諸葛亮

자는 공명孔明, 호는 와룡臥龍
으로 삼국시대의 걸출한
정치가이자 전략가이다.
살아 있을 때 무향후武鄕侯에
봉해졌고, 죽은 후 시호는
충무후忠武侯였다.
「출사표出師表」 등의 명문을
남기고, 목우유마, 공명등
등을 발명했다.

여몽呂蒙

삼국시대 오나라의
명장. 관우를 죽이고
형주를 취하는 데
큰 공을 세웠다.

황충黃忠
촉한의 명장. 정군산
전투에서 조조의 명장
하후연을 죽이고
정서장군으로
직위가 올랐다.

육손陸遜
본명은 육의陸議.
삼국시대의 유명한
정치가이자 군사가로
오나라에서 대도독,
상대장군, 승상을
역임했다.

관우關羽
동한 말기의 명장으로
유비가 고향에서 군사를 일으킬
때부터 따른 최측근이다.
세상을 떠난 후 그의 이미지가
점차 신격화되면서 민간에서는
지금까지도 그에게 제사를
지내며 '관공關公'으로
추앙하고 있다.

조식曹植
조위의 시인이자 문학가로
건안建安 문학의 대표 인물이다.
조조의 아들이며 형인 조비로
인해 불우한 일생을 보냈다.

관평關平
명장 관우의 장자로
관우가 형주를 잃을 때
함께 죽임을 당했다.

조비曹조
조조의 아들로 조위曹魏 를 개국
했으며, 시호는 고조 문황제文皇帝
이다. 삼국시대의 유명한 정치가
이자 문학가로 아버지 조조, 동생
조식과 함께 '삼조三曹'로 불린다.

가후賈詡
삼국시대
조위의
유명한 모사.

시대별지도
삼국三國
선비鮮卑
오환烏丸
위魏
관도官渡
허창許昌
오장원五丈原
낙양洛陽
장안長安
합비合肥
양양襄陽
건업建業
한중漢中
강릉江陵
이릉夷陵
적벽赤壁
성도成都
형주荊州
촉한蜀漢
오吳
N
S
E
W

유비가 익주를 취하다

익주益州는 지금의 사천성 四川省이다. 211년, 익주자사 유장劉璋은 이간질을 곧이 듣고 유비를 청해 한중漢中 에 둥지를 틀고 있는 장로 張魯를 막고자 했다. 이에 유 비는 방통을 군사로 삼아 익주로 진군했다.

방통은 절호의 기회를 놓칠 까 걱정돼 즉시 장수 위연 을 찾아갔다.

* 위연魏延
촉한의 장수. 많은 전공을 세워 한중태수에 임명되었다. 제갈량의 북벌 때 직접 장안성으로 쳐들어가자고 건의했지만 받아들여지지 않았다.

거문고 소리가 너무 단조로우니 제가 검무로 흥을 돋우겠습니다.

왜 갑자기?
얍!

……
오, 위 장군의 검무를 빨리 보고 싶소.

으악!
쉭—

저에게 고의로 칼을……
실수일 뿐이니 너무 당황해 하지 말게.

---

* 홍문연鴻門宴
홍문의 연회로 상대를 죽이기 위해 벌이는 연회석을 일컫는다.

다 다 다

연회 자리에서 위연이 주공을 해치려 했습니다.
엉?

그건 오해다. 유비가 그를 제지하지 않았느냐?
유비는 다른 뜻이 없다 해도 그의 수하들은 살기를 번뜩였습니다.

그럼 어떻게 하지?

군량 공급을 제한하고 장로를 빨리 제압하라고 재촉하여 그의 세력 확대를 막아야 합니다.
음……

유장이 계속 출병을 재촉하는 걸 보니 아무래도 날 의심하는 것 같소.
그때 제대로 처리했었어야…

애초에 술자리에서 유장을 죽였으면 귀찮은 일이 없었을겁니다.
어허!

유장과 난 같은 한 왕실 종친이오. 조조가 천하를 호령하는 지금, 집안싸움은 옳지 않소.

그럼 좋은 계획이라도 있으십니까?
장로와 싸워 얻을 게 없다면 차라리 그냥 돌아갑시다.

천신만고 끝에 여길 왔는데 돌아가다니요?
조조가 형주를 침공한다는 구실로 유장에게 구원병을 요청하고 그의 반응을 보시지요.
음… 좋소.

유장이 병사와 군량을 제공하겠답니다. 다만……
다만 뭔가?

자존심 상해서 증말!!!
노약한 병사 4천과 약간의 군량만 제공하겠답니다!

주공!
유장이 이 유비를 거지로 아는 게냐?
우당탕!

방통, 이제 유장과 갈라서려 하는데 좋은 계책이 있소?

총 세 가지 길이 있습니다. 첫째는 즉각 성도를 급습하여 유장을 사로잡는 것이고,
둘째는 형주로 돌아가는 것이며,

셋째는 가맹관에 주둔한 양회와 고패에게 작별인사를 한다며 밖으로 유인한 후 가맹관을 점령하고 서서히 진군하는 것입니다.
음……

첫 번째 길은 너무 급하고 둘째는 너무 느리니 셋째가 가장 좋겠소!
그럼 바로 채비를 갖추겠습니다.

楊
楊

유비가 드디어 간다니 10년 묵은 체증이 내려가네.
주공께서 애초에 유비를 익주 땅에 들이지 말라는 내 권고를 들었다면 귀찮은 일도 없었을 거야.

두 분 장군만 들어가시고 나머지는 밖에서 기다리시오.

익주 땅에서 너무 기고만장 하구나!
곧 떠날 사람들이니 자네가 참게나.

흥!

누가 떠난다고 그러더냐?

저들을 잡아라!
유비, 뭐하는 짓이냐?
이런 제길.

유비는 양회와 고패의 목을 베고 군사를 돌려 성도로 향하면서 지나는 곳마다 승리를 거두었다.

다들 잔을 채우시오!
옙!

군사의 묘책 덕분에 무난히 여러 성을 손에 넣었소!

전쟁의 대가로 백성은 도탄에 빠졌으니 너무 환락에 취하지 마십시오.
그만 하시오!

무왕이 주를
정벌했을 때도
가무를 즐겼는데,
그것도 환락이란
말이오?

모두 계속
드시오!
참~
별나.

유비는 곧바로 자신의 행동을 후회
하고 방통을 찾아갔다.

방통, 아깐 내가
술이 취해 실수를
했소. 군사는 마음에
두지 마시오.
톡톡~
……

유비는 첫 싸움에서 승리한 후 연달아 익주의 군대를 대파했지만 애석하게도 방통은 전쟁 중에 화살을 맞고 죽었다. 이에 형주를 지키던 제갈량, 장비 등이 대신 유비를 도왔다. 3년 후 유장이 투항함으로써 유비는 익주를 차지했다.

감녕이 군사 백 명으로 조조를 기습하다

우리 군대의 사기가 충만할 때 단숨에 쳐들어 가야 합니다.

그게 좋겠구려!
가자!

둥
둥

돌격하라!
위

와아-
와아-
위

적의 저항이 완강하여 아군의 손실이 너무 큽니다.

여기 감녕이 나가신다!
다 다 다

철퇴를 받아라!
휙~

쾅!
으악!
태수님!

다다다
장료
장군님!

환성이 오군에
함락되고 태수
주광이 전사했
습니다!

젠장,
하루도 못
버티다니.
우리가
바로 구하러
왔는데……

이전李典,
어찌하면
좋겠나?
합비를 굳게 지키
면서 승상의 구원
병을 기다리는 게
최선입니다.

합비
이건 승상께서
손권이 쳐들어오면
열어 보라고 주신
나무함이네.
지금이 바로
열어 볼 때
입니다!

손권이 공격해 오면 장료, 이전은 맞서 싸우고 악진樂進은 성을 지켜라.

승상께서 한중으로 원정을 떠나 제때 구원할 수 없으니, 우리가 구원병만 기다리다간 합비를 잃고 만다.
적은 아직 쉬지도 못했으므로 우리가 일격을 가하면 합비를 지킬 수 있다는 뜻이다!

그게 무슨 뜻일까요?
저도 이해가 안 됩니다. 중과부적인데 맞서 싸우라니요?
제대로 좀 적어주시지.

저 이전, 장군의 명에 따르겠습니다!
명령만 내리십시오!

다 다 다

환성을 잃어 합비도 세력이 크게 위축됐다. 빨리 장료를 사로잡으러 가자.
당장 출동하겠습니다!

저기 손권이 있다. 절대 놓치지 마라!

헉, 장료가 어떻게 여기까지?

손권, 어딜 달아나느냐!

장료, 나의 주군을 해치지 마라!

감녕!

와-

후군도 악진에게 패배해서 어서 철수해야 합니다.
감녕에게도 싸움을 멈추고 후퇴하라고 일러라.

허…다리가 끊겨 어떻게 돌아가지?
뒤로 물러나셨다가 말을 짓쳐 달려 강을 뛰어 넘으십시오.

다다다

손권은 겨우 목숨을 건져 본진으로 돌아왔다.

조조가 직접 대군을 이끌고 합비로 오고 있습니다. 철군하는 게 상책입니다.

조조가 먼 길을 달려와 피곤할 테니 급습을 가합시다.
이대로 철군하기는 억울합니다!
우홍

기병 백 명만 주시면 조조 군영을 야습하겠습니다. 한 명이라도 돌아오지 않으면 공으로 여기지 않겠습니다.
겨우 백 명으로?
잘못 말한 것 아니오?

좋소. 군사를 내주리다.

이 술을 마시고 오늘밤 조조를 혼쭐 내주자!
마시거라!
……

겨우 백 명으로 야습하는 건 큰 모험 아닙니까?
맞습니다.

나는 죽음도 두려워하지 않는데 너희들은 뭐가 두렵단 말이냐?

야습에 성공하면 동오를 위해 큰 공을 세우는 것뿐 아니라 후한 상도 내리겠다.
만일 실패하면 함께 죽기밖에 더하겠느냐!
아~
웅~

기꺼이 장군을 따르겠습니다!
암~ 그래야지!
저도 장군을 따르겠습니다!

돌~격!
다다다

기습이다.
빨리 도망
가자!

활활~

조조 군사들이 전열을 정비했으니 철수하는 게 좋겠습니다.
가자!

다 다 다

이번 야습에서 정말 군사 한 명도 잃지 않았구려.
조조에게 장료가 있다면 내게는 감녕이 있구나!
뿌듯~

손권과 조조는 한동안 대치하다가 승부가 나지 않자 곧 철군했다. 216년, 조조는 조정에 돌아온 후 위왕에 봉해졌다.

황충이 하후연의 목을 베다

* 하후연夏侯淵
  조조의 명장. 조조를 수행해 한중을 점령했다. 정군산에서 황충에게 목숨을 잃었다.

노장군의 용기는 가상하지만 나이가 너무 많소.
쉬시는 것이…

황충은 늙었지만 수중의 칼은 녹슬지 않았소이다!

내 창을 가져 와라!
영차
영차

쉬—
훌륭하오!

강궁을 가져 와라!

이얍!
쭈우욱

우지끈

전에 염파는 여든에도 전투에 참가했는데 내 나이 아직 일흔도 안 됐소. 군사는 어찌 나를 늙었다 말하시오!
부장도 필요 없이 3천 군마만 이끌고 가 하후연의 목을 베어 오리다!
황충 장군을 믿어 봅시다.
허면……

노장군이 꼭 가야 한다면 법정法正을 감군으로 데려가시오.
명에 따르겠습니다.

법정, 우린 갑시다.

걱정 마십시오. 저는 단지 의견만 낼 뿐 싸움에는 간여하지 않겠습니다.
그럼 다행이오.

이번에 황충을 격분시킨 방법은 너무 지나쳤소.
공명 선생도 참!
노장군에게는 이 방법이 가장 효과적입니다.

정군산의 방어가 삼엄하니 좋은 계책을 말해 보시오.

강한 공격은 우리에게 불리합니다.

보십시오. 정군산 옆에 그보다 훨씬 높은 산 하나가 있습니다.
그곳에서 정군산의 동향을 살피다가 행동에 옮기십시오.
음, 좋은 방법이구려.

황충은 조조군이 잠든 밤을 틈타 산 위에 진을 치러 몰래 행군을 개시했다.

서둘러라!
다
다
다

앗!
적군이다!

으악!
푹一
푸욱

하후연 군영

아함,
잘 잤다!

아침부터
저기서 뭘 보고
있는 거지?

장군, 보십시오!
저게 도대체 뭐지~?

뭐? 맞은편 산을 황충에게 빼앗겼다고?

하후연, 자신 있으면 올라와 봐라!
황충이 늙은이를 반드시 죽이고 말겠다!
황충이 일부러 장군을 자극하는 것이니 흥분하지 마십시오.

아군의 동향이 황충에게 모두 노출돼 있다. 반드시 저 산을 빼앗아야 한다.
장군, 진정을…

출격하라!

황충 이 늙은이야, 배짱 있으면 내려와라!
황충, 늙다리야!
얼른 내려와라!

저들의 말에 전혀 신경 쓰지 마십시오.
우이씨!

날씨가 무더워 오후가 되면 저들의 사기가 꺾일 겁니다.
그대의 말에 따르 겠소.

물 좀…
지친다, 지쳐.
시간이 지나자 하후연의 병사들은 점점 기운이 빠지기 시작했다.

황충, 이 늙은이야. 빨리 나와서 이 하후 어른과 3백 합을 겨뤄 보자!
어우, 무거워.

빨리 황충
에게 욕을
퍼부어라!

황충 놈아…
빨리 나와…라.
우리…
장군이
무서우냐.

하후연이
애가 달았으니
지금 쳐들어가면
어떻겠소?

조금만 더
기다리십시오.
다 됐습니다~

너무 덥다
……
찜통이
따로 없네.

휴… 유비는 왜 이런 겁쟁이 노인네를 보낸 거지?
헥헥~
어라, 황충 영채의 문이 열렸다.
돌격!
우다다

조조는 정군산이 함락됐다는 소식을 듣고 직접 대군을 이끌고 구원에 나섰지만 전세를 만회하지 못했다. 이로써 한중은 결국 유비 수중으로 들어갔다.

관우가 조조군을 수몰시키다

앞에 큰 강이 보이느냐?

그 아래쪽에는 우금이 주둔한 골짜기가 있다.

이제 알겠느냐?
예, 알겠어요!
아버진 대단하셔!

지금은 우기라 강물을 끌어다가 우금을 수몰시키려는 것이군요.

주창, 뗏목을 손질해 수전에 대비하라!
예, 장군!

왕보는 배수구를 모두 막고 물을 가둬 놓아라!
폭우가 내리면 물길을 터 우금과 방덕을 고기밥으로 만들 것이다!
명에 따르 겠습니다.

쏴아 ─
쏴 ─

너무 춥다.
오들
오들
이게 무슨 소리지?
콰르릉!

사람 살려!
콰르릉!
홍수가 몰려온다. 빨리 달아나자!

쏴―
쏴아―
어푸― 살려…줘~
첨벙

빨리 높은 곳으로 올라가라!

우금은 달아나지 마라!

앗!

항복할
테니 살려
주십시오!
제에발~

흥! 저런
겁쟁이였
다니.
싱겁군!

얍!
방 장군,
물이 세속 사오르
니 투항하는 게
좋겠습니다.

너 같은 변절자 부터 저승으로 가라!
으악!

나 혼자 남는 한이 있더라도 절대 항복하지 않겠다!

방덕, 투항하면 목숨은 살려 주겠다.
헛소리 말고 자신 있으면 날 죽여 봐라!

화살을 쏴라!

탁
탁
컥!

목숨만 살려 주십쇼!
저놈들이 ……
항복하겠습니다.

휴, 어쩔 수 없구나!

풍덩
앗, 방 장군이 물에 뛰어들었다!

누가 저놈을 잡아 오겠느냐?

제가 가겠습니다.

내가 또 한 수영하지!

물이나 먹어라!

주 장군이
방덕을 사로
잡았다!
으……

목숨만 살려
주십시오.

네가 내
적수가 된다고
생각하느냐?

모두 조조가
시킨 일이라 저도
어쩔 수 없었
습니다.

칼에 피를
묻히기도 아까
운 놈이다!

저놈을 먼저 형주로 압송해라. 번성을 함락한 후 다시 처벌하겠다.
감사합니다, 장군님!

방덕을 끌고 와라.
일단 살았다…

방덕……

목을 베든 삶아 죽이든 마음대로 하시오!

퉤!
감히 네놈이!

네가 전에 모시던 마초馬超도 한중왕을 위해 일하는데 항복하지 않겠느냐?

이방덕은 죽으면 죽었지 절대 항복하지 않는다!

훌륭한 용사인 자네가 도적놈 조조를 위해 싸우는 게 이해가 안 되는구나.
흥!

그럼 네 소원대로 열사의 이름을 남기게 해 주마.
흥!

끌어내 목을 베어라!

위왕이 날 위해 꼭 복수해 줄 것이다!

번성이 물에 잠겼으니 승세를 타고 그곳을 취하십시오.

그래야지!
서두르자!

모든 장수들은 즉각 번성으로 출격하라!
예!

관우가 우금과 방덕을 물리치고 번성을 포위하자 조조는 크게 놀라 벌벌 떨었고, 동오도 유비의 세력이 커질까 전전긍긍하게 되었다.

손권과 유비의 동맹이 깨지다

나도 짬을 내 많은 경서와 사서를 읽는데 그대가 나보다 업무가 많다는 것이오?
그건 아닙니다.

일단 경서는 제쳐놓고서라도 병서와 사서는 꼭 읽길 바라오.
주공의 깨우침에 따르겠습니다.

여몽은 손권의 충고로 이후로는 손에서 책을 놓지 않았다.
전쟁은 나라의 대사이자 백성의 생사가 달린 ……
열공
집중

거기!

허리를 곧게 세우고 손을 높이!

식사 시간이다!

백전백승은 최선이 아니다. 싸우지 않고 적을 굴복시키는……
아, 먹으면서도 배고프군.

여몽, 요즘 책읽기에 푹 빠졌구먼.

책을 읽고 나니까 깨닫는 게 많아졌어.

무슨
책이야?
아니,
이 사람이!
획-

손자병법?!

하하하!
싸움은
용기가 있어야지
쓸모없는 병법은
봐서 뭐하나?

자네가 뭘
안다고?
이리 내!

어라?
쳇!

당시 동오의 대도독 노숙은 여몽을 크게 중시하지 않고 일개 용사로만 여기고 있었다.
육구는 관우의 군대와 인접한 지역인데 방어책은 마련해 두셨나요?
상황에 따라 대처해야지요.

오와 촉은 동맹 관계지만 유비가 형주를 돌려주지 않아 조만간 양쪽에 충돌이 발생할 텐데…
도독께서는 왜 미리 대비하지 않습니까?
어라?

관우는 누구나 다 아는 영웅이고 학문을 좋아하지만 자부심이 지나치게 강해 사람을 쉽게 깔봅니다.

도독께서 관우에 대응할 수 있도록 세 가지 계책을 드리겠습니다.
네에?

……
이렇게 하시면 됩니다.

* 여몽의 이 이야기에서 '괄목상대刮目相對'라는 고사가 나왔다. 괄목상대는 눈을 비비고 상대편을 본다는 뜻으로, 즉 남의 학식이나 재주가 놀랄 만큼 부쩍 늚을 이르는 말이다.

맞습니다.
형주를 빼앗아
옵시다!

관우를 만나 말이
통하지 않으면
양쪽의 동맹을 깰
수밖에 없소!

유비가 먼저
우리를 무시했고
정의도 우리 편이니
관우도 경거망동하지
못할 것이오!

관우의 무예가
출중해서 이 방법
은 옳지 않아
보입니다.

노숙은 당장 관우를 찾아가 형주
를 돌려 달라고 따졌다.

관 장군,
한중왕이 빌려 간
형주를 왜 돌려주지
않으십니까?

형주는 원래 유표의 땅이고, 유표가 죽은 후 장자 유기에게 물려 주었소. 지금 유기가 형주를 한중왕에게 맡겼는데 뭐가 잘못됐소?

게다가 적벽 전투 때 우리도 큰 힘을 보탰는데 형주를 차지할 자격이 없단 말이오?
장군의 말은 이치에 맞지 않습니다.
애초에 근거지가 없던 한중왕을 오후 께서 불쌍히 여기셔서 형주를 빌려 주었 습니다.
지금 한중왕이 익주를 얻고도 형주를 돌려 주지 않는 것은 신의를 저버린 행동이니 세상 사람들이 그를 신임 하겠습니까?

감히 신의를 입에 담다니. 한중왕이 익주로 들어간 틈을 타 손 부인을 납치 한 게 누구요?
대답해 봐!
그건……

담판과 무력 대치를 거치면서 유비는 결국 상강 동쪽의 형주 3개 군을 동오에 돌려주었다. 217년, 노숙이 세상을 떠나고 여몽이 대도독에 임명되었다.

* 항룡유회九龍有悔
하늘 끝까지 올라간 용이 내려갈 길밖에 없음을 후회한다는 뜻.

여 도독,
육 장군!
제갈근*께서
오셨군요.
오래간만에
뵙습니다.

주공의 명으로
관우에게 혼인을 청
하러 가다가 특별히
드릴 말씀이 있어서
들렀습니다.
혼인이요?

관우의 딸을
주공 아들의 아내
로 맞으려고요.
관우가 동의한
다면 계속 힘을
합쳐 조조에
대항하고

만약 거절한
다면 도독께서 형주
를 공격하라는 주공
의 명입니다.
아~!

이번 임무가 성공하길 바라야 할지 실패하길 바라야 할지 모르겠소.

관우 진영

오후에게 총명한 아들이 있는데 장군의 딸과 잘 어울릴 것 같아 혼인을 청하는 바입니다.

흥! 내 딸을 어찌 동오의 개에게 시집보낸단 말이냐?

여몽이 군대를 이끌고 육구에 주둔하며 호시탐탐 형주를 노린다는 사실을 모르는 줄 아느냐?

관우의 오만함 때문에 손권과 유비의 동맹은 완전히 깨지고 양측은 일촉즉발의 위기를 맞았다.

여몽이 지혜로 형주를 취하다

관우는 용맹이 뛰어나고 사기까지 충천해 상대하기 쉽지 않아서 고민이오.
그렇다고 이렇게 의기소침해 하십니까?
음……
이만 가 보겠습니다.

내 걱정거리를 아는 사람이 많을 수록 좋아. 육손, 일부러 자넬 속여서 미안하네.

건업

요즘 몸이 좋지 않아서 요양을 할까 합니다. 주공께는 죄송합니다.
엄청 건강해 보이거든!

날 속일 생각 마시오. 육손이 꾀병이라고 이미 말해 줬소.
헤헤, 육손만은 정말 속일 수가 없군요.

제가 병을 핑계로 떠나는 것은 관우의 경계심을 풀기 위해서 입니다.

관우가 수비병을 차출하길 기다렸다가 형주를 탈취하겠습니다.
좋은 생각이오. 그럼 그대의 후임은 누구로 정했소?

육손은 기재입니다. 저를 대신하는 데 그만한 인물이 없습니다.
육손의 이름이 높지 않아 다들 그를 서생으로 알고 있습니다. 특히 관우는 서생을 가장 경멸합니다.

좋소. 그럼 육손에게 잠시 도독을 맡기겠소.
예, 주공.

219년, 관우는 대대적인 군대 정비를 마치고 조인이 수비하는 번성으로 쳐들어갔다.

평아, 이번 번성 공격에 좋은 계책이 있느냐?

조인이 번성을 사수하고 있어서 지금 병력으로는 강력한 공격이 어려울 듯합니다.
모두 그 가증스런 여몽 때문이다. 아니면 후방 병력을 모두 차출해 단숨에 번성을 함락시킬 텐데 말이다!
아오!

관 장군님!

여몽이 병에 걸려 요양차 건업으로 돌아갔답니다.
그거 잘됐구나!
……

누가 후임 도독에 올랐느냐?
육손이라는 서생인데 전혀 이름도 없는 인물입니다.

서생을 대장에 제수하다니 동오는 참으로 인물이 없구나.
크하하!

이건 육손이 장군께 올린 서신입니다.

저는 일개 서생으로 양측의 동맹을 공고히 하고 장군의 승전을 기원합니다.

육손은 전혀 염려할 필요가 없겠다.
……

대군은 즉각 번성으로 출격하라!

돌아가 미방과 부사인에게 속히 병마를 차출하도록 하고, 지체하면 용서치 않겠다고 일러라.
예, 장군!

육구

도독님, 관우가 군사를 모두 차출해 형주에는 소수의 수비병만이 남아 있습니다.
관우의 성미가 급해 과연 내 예상을 벗어나지 않았어.

당장 여 대도독을 모셔 와야겠다.

여몽은 이 기회를 놓치지 않고
군사들을 상인으로 위장시켜
몰래 국경으로 침투했다.

출렁~

멈춰라!
봉화대 가까이
접근하지 마라!

저희는 동오의
상인인데 바람이 거세
잠시 이곳에서 풍랑
을 피하게 해
주십시오!

하룻밤만 묵고
내일 아침 일찍 가겠
습니다. 이 금은 군사
여러분께 드리는
선물입니다.
번쩍!!

와!
금!

좋다,
하룻밤 묵게
해 주겠다.
감사합
니다!

이건
하늘이 내린
선물이야!

다들 빨리
나와라!

다
다
다
모두 꼼짝
마라!
앗, 뭐하는
짓들이냐?
여몽은 즉시 성을 접
수하고 남군까지 치
고 올라갔다.
미방,
그만 버티고
빨리 항복해라!
오군이
남군까지 쇄도해
오는데 봉화가 왜 안
올라온 거지?

관우가 이미 번성으로 병력을 모두 차출하여 네 병력으로는 남군을 지킬 수 없다!

미방, 공연히 저항하지 말라고.
그렇지!

부사인, 자네까지 항복한 건가?

관우는 안하무인에다 뒤끝도 심한데 그런 주인을 위해 목숨을 바칠 필요 있는가?

부사인이 싸우지도 않고 항복해 남군만 고립되고 병력도 적으니 목숨이나 부지해야겠다.

성문을 열어라!
네?!
항복도 빠르다.

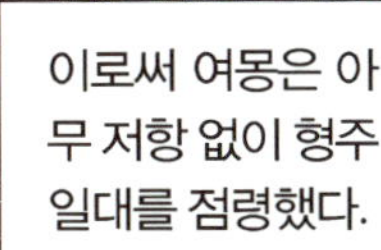

이로써 여몽은 아무 저항 없이 형주 일대를 점령했다.

함부로 백성을 괴롭히고 재물을 뺏는 자는 목을 벨 것이다!

감사합니다. 여몽 장군!

쏴 —

쏴아
도롱이를 쓰니 비도 안 들어오고 정말 좋아!

멈춰라!
그 도롱이는
어디서 났느냐?
끌고 가 목을
베어라!
목숨만
살려 주십
시오!

갑옷이 비에
젖을까 걱정돼
민가에서 하나
빌린 것입니다.
백성에게 재물을
취하는 자는 목을
베겠다고 명하지
않았느냐!

도독,
죽을죄를 졌
습니다!

여몽은 군기를 엄정히 하고
백성의 재물을 추호도 범하
지 않았으며 병약자를 구휼
하여 점차 형주 백성의 신임
을 얻었다.

맥성으로 달아난 관우의 최후

* 서황徐晃
  위나라의 장수. 마초와 관우를 물리치는 데 큰 공을 세웠다. 조조에게 큰 신임을 받은 장수이다.

칠군을 수몰시켜 천하에 이름을 떨친 장군과 만나게 돼 큰 영광입니다.
내가 가장 적으로 만나고 싶지 않은 장수는 장료와 바로 자네라네.

관우의 목을 취해 오는 자에게 황금 2천 냥을 내리겠다!
와!
서황, 즐겁게 얘기 나누다가 왜 갑자기 낯빛을 바꾸느냐?

방금 전에 선포한 것은 국가 대사요.
관 장군과의 친분은 사사로운 정일 뿐이오!

돌격!

죽고 싶어 환장했구나!

챙 ―

와!

관우와 서황은 날이 저물 때까지 겨뤘지만 승부가 좀체 나지 않았다.

오늘은 여기서 멈추고 내일 다시 겨루자!
좋소!

관우가 너무 강해서 우선 본진으로 돌아 가야겠다.
헉!

나도 늙었구나. 뜻밖에 서황도 이기지 못하 다니.
헉헉!

아버지, 오늘은 제가 서황을 상대하겠 습니다!
애비를 위한 네 마음은 안다. 하지만 서황은 네 상대가 아니다.
큰일 났습니다. 형주를 동오 에게 빼앗겼 습니다!
뭐라고?

미방, 부사인은 왜 여태까지 아무 보고도 없었느냐?
그들은 모두 동오에 투항 했습니다.
왜 멱살을?!

즉시 회군해 형주를 되찾 으러 가자!

뻔뻔스런 이 역적 놈들을 내 반드시 죽이고 말겠다!

왕보, 왜 후군을 책임지지 않고 앞으로 왔느냐?
히유… 기운 빠져.

후군이 죄다 달아났습니다.

뭐라고? 그럴 동안 대체 넌 뭘 했느냐?
그건 왕보 장군의 책임이 아닙니다.
어우, 열 받아.

병사들의 가족이 형주에서 여몽에게 인질로 잡힌 탓에 모두 전의를 잃고 탈영해 집으로 돌아갔습니다.
흥!

가증스런 여몽 놈을 죽이고 말겠다!

아버지, 고정하십시오.
잠시 화를 참으십시오.

지금 우리 곁에는 친위대 수백 명뿐이라 익주의 한중왕께 구원을 요청해야 합니다.
여기서 상용은 멀지 않으니 우선 그곳의 유봉劉封에게 구원병을 청하십시오.

휴… 내 무슨 낯으로 한중왕을 뵙겠느냐.

갈 곳이 없었던 관우는 일단 맥성으로 들어가 구원병을 기다렸다.
지금 오군에게 겹겹이 포위됐습니다.
갈수록 태산이로구나!
城麥

오군을 대수롭지 않게 여겼다가 여몽에게 허를 찔리다니!
탁!

상용의 구원병을 기다린다고 마냥 이곳에서 시간을 지체하다간 오군만 계속 늘어날 것입니다.

지금이면 벌써 도착하고도 남을 시간인데, 유봉과 맹달이 출병하지 않은 게 확실합니다.

그동안 내가 너무 오만하여 결국 주변 사람들이 다 내 곁을 떠나는구나.
음……

너무 기죽지 마십시오. 포위를 뚫고 나가 익주에서 군사를 정비한 뒤 복수하면 됩니다!
그래, 익주로 가자.

북쪽에 익주로 통하는 지름길이 있습니다.
오늘밤 그 길로 간다.

몸조심하십시오. 이 왕보가 맥성을 사수해 오군의 추격을 최대한 막겠습니다.
장군은 절 알아주신 유일한 분입니다. 저도 왕보와 함께 맥성을 지키겠습니다.
주창 ……

다들 잘 부탁하네 ……

지금 출발 하지 않으면 늦습니다.
그래, 가자.

돌진하라!
다다다

관우가
도망간다!
그를
막아라!

죽어라!
무, 무서워.
윽.

관우를 달아
나게 해서는
안 된다!
관우를 사로
잡으면 큰 상을
내리겠다!

나를 막는
자는 죽음뿐
이다!

관우는 포위망을 벗어
났다고 여겨 한숨을 돌
리고 있었는데……

관우가 온다.
줄을 잡아 당길
준비를 해라.

탁!

으악!
히~잉

관우를 사로
잡았다!
앗싸!

이럴 수가
……

동오에 사로잡힌 관우, 관평 부
자는 투항을 거부하다가 결국
죽임을 당했다. 이로써 시대의
명장은 사라졌고 유비와 손권
은 원수지간이 되었다.

위, 촉, 오 삼국의 정립

* 어부지리漁夫之利
　쌍방의 다툼을 틈타 제3자가 이익을 보는 것을 말한다.

신도 진군의 말에 찬성합니다. 대왕께서는 천명을 받드십시오!
뭐?! 제위?
제위를 이으십시오!

한 왕실 부흥의 가능성은 이미 사라졌지만 난 제위를 찬탈했다는 말을 듣기가 두렵소.
천명이 정말 조위에 있다면 난 기꺼이 주 문왕을 본받겠소.

문왕은 주나라의 기틀을 다지고, 천하를 취한 이는 그의 아들 주 무왕인데……

위왕은 세자가 한나라를 취하길 바라는 건가?
진군, 무슨 생각을 그리 골똘히 하시오?
대왕께서는 이미 실권을 잡고 계시니 굳이 칭호에 의미를 부여할 필요가 없다고 생각하는 것이지요.
하하!

진군이
내 마음을
아는구려!

으악!
왜 그러
십니까?

아…
또 두통이
도졌다……
지긋지긋해!!

대왕…
화타를 죽이는
게 아니었어. 지금은
아무도 내 두통을 치
료하지 못한다고!

조조는 결국 두통으로 쓰러지고 말았다.
나는 아무래도 어렵겠다. 비야, 뒷일을 네게 부탁한다.
부왕!

대왕……

내 나이 이미 예순여섯이다. 일생을 전쟁터에 바치며 유비와 손권만 평정하지 못했구나.
내가 죽은 후 장례는 꼭 간소하게 치르도록 하라.
엉엉……

하후돈, 가후, 진군은 가까이 오시오.

조비의 나이가 어리니 그를 잘 보좌 하고 잘못을 저지 르면 반드시 바로 잡으시오.
예, 대왕!

대왕, 염려 마십시오.
세자는 겸손 하고 예의가 발 라 대왕의 과업을 이어 나갈 수 있습니다.

그렇다면 마음이 놓이 는군.
든든하구나.

다들 물러 가거라. 혼자서 조용히 쉬고 싶구나…

소자는 이만 물러 갑니다.
신들도 물러가겠 습니다.

늙은 준마가 헛간 널빤지에 엎드려 있어도 뜻은 천리를 달리고, 열사는 늙어도 씩씩한 마음은 끊이지 않는다.

220년, 조조가 죽고 장자인 조비가 뒤를 이었다. 1년도 안 돼 조비는 헌제에게 제위를 선양하라고 협박했다.

폐하, 신이 긴히 아뢸 말씀이 있습니다.
화흠華歆, 무슨 중요한 일이오?

한나라의 수명이 이미 다했으니 폐하께서는 요순을 본받아 천하를 위왕에게 선양하십시오.

고조 황제께서 백사를 베고 기의한 이래 한나라는 4백여 년을 이어 왔는데 어찌 수명이 다했다는 것이오?

폐하께서 신의 권고를 듣지 않으면 큰 화를 당할 것입니다!
그게 무슨?

설마 짐을 죽이겠다는 것이냐?

위왕이 군웅을 제거하지 않았다면 폐하를 위협할 자가 어디 한둘이었겠습니까?
이……

흥!
웃겨!

오늘 확답을 주지 않으면 한 발짝도 움직일 수 없습니다!
이…이게 뭐하는 짓이오?

다
다
다
위왕만이 천하를 얻을 자격이 있습니다!
하는 수 없구나. 짐은 천하를 위왕에게 선양하고 여생을 편안하게 살아가길 바랄 뿐이오.
걱정 마십시오. 위왕께서 박대하지 않으실 것입니다.
이게 박대가 아니고 무엇이냐?

조비가 한을 찬탈했다는 소식이 익주에 전해지고, 헌제가 이미 조비에게 살해당했다는 소문까지 돌았다. 이에 한중왕 유비는 위패를 모시고 헌제를 제사지냈다.

유비가 폐하의 한 왕실 부흥을 도와드리지 못해 죄스러울 따름입니다.
흑

대왕은 너무 자책하지 마십시오.

조비의 재능이 조조만 못해 대왕이 의병을 일으켜 동진하면 한 왕실을 중흥할 수 있습니다.

군사의 말이 옳소.
하지만 손권이 형주를 급습해 관우를 죽였으니 먼저 동오를 멸한 다음 조위를 취하겠소!

복수를 간절히 바라는 대왕의 심정은 이해합니다. 그러나 급선무는 대왕이 황제를 칭하는 것입니다.
칭제라고?

대왕은 한 왕실 혈족이니 마땅히 제위에 올라 한 왕실을 부흥하고 조위를 멸해야 합니다!

대왕은 즉위해 한 왕실을 이으십시오!
어… 아니…

그건……

대왕의 즉위는 하늘의 뜻을 받들고 민심을 어루만지는 일입니다!
……

경들이 나를 불인不仁과 불의不義의 길로 인도하고 있구려!
대신들이 이리 간곡히 청하니 따르는 수밖에 없겠구나.

221년, 유비는 대신들의 권유에 못 이겨 성도에서 황제를 칭하고 한 소열제에 올랐다.

건업

장소張昭, 유비의 칭제를 어떻게 보시오?

천하가 삼분된 지금, 조비와 유비 모두 칭제했으니 오후께서도 황제를 칭하십시오.

조위의 실력은 더 말할 필요가 없고 유비는 한 왕실 종친인데 나는 무슨 명분으로 칭제를 하겠소.

조비와 유비가 황제를 칭하는데 오후만 후작이라 장수들의 불만이 매우 큽니다.
그렇소?

기왕에 우리가 조위의 신하를 자청 했으니 조비에게 오왕에 봉해 달라고 청하십시오.

그거 정말 좋은 생각이오!
OK!

222년, 손권이 오왕에 즉위하면 서 위·촉·오 삼국이 정립하는 국면이 마침내 형성되었다.
사
위
청
예
서
촉
형
오
촉
오

조비를 울린 조식의 칠보시

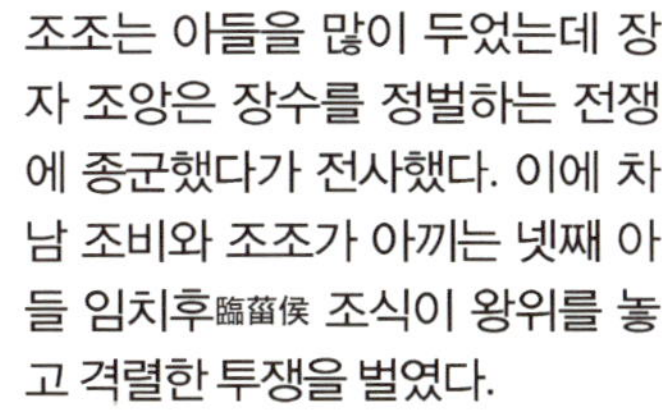

조조는 아들을 많이 두었는데 장자 조앙은 장수를 정벌하는 전쟁에 종군했다가 전사했다. 이에 차남 조비와 조조가 아끼는 넷째 아들 임치후臨菑侯 조식이 왕위를 놓고 격렬한 투쟁을 벌였다.

임치후의 문학적
재능을 당해 내기
어렵다면 왜 정반대
의 방법을 쓰지 않으
십니까?
정반대의
방법이요?

저는 드릴 말씀을
다 전했으니 그만 돌
아가 주십시오. 위왕
께서 아시면 큰일
납니다.

감사합니다.
살펴
가십시오.

그냥 좀
시원하게
알려 주지!
정반대의
방법이 대체
뭐란 거야?

oh —
카리스마!

---

* 유병幽幷
  중국 북방인 유주와 병주를 가리킴.
** 우격羽檄
  몹시 급한 일이 있을 때 날아가듯 빨리 가라는 뜻으로 닭 깃을 꽂아 보내던 격문.

국난에 몸 바쳐
죽음도 고향으로
돌아가듯 여기
노라.
정반대의
방법이 뭔지
이제 알겠어.

훌륭하다!
식이 나이는 어려도
나라를 생각하는
마음이 깊구나.
과찬이
십니다.

비야,
너는 어떤 시를
준비했느냐?
엉엉,
소자를 용서해
주십시오.

어라?
왜 갑자기
우는 거냐?
털썩

연로하신
부왕께서 출정하
신다 하여 시를 지
을 겨를이 없었습
니다.
험악한
전장에서
부디 몸조심
하십시오!

후계자 문제로 고심하던 조조가 하루는 가후를 불렀다.

115

왜 말을 하다가 마시오?

방금 다른 생각을 하다가 대왕의 말씀을 잘 못 들었습니다.

무슨 생각이오?

원소와 유표 부자의 일입니다.

원소와 유표 모두 장자를 폐했다가 바로 망했는데, 가후가 이를 가지고 나에게 경고하는 것이구나.

하하, 선생의 뜻을 분명히 알았소이다!

무엇을 말입니까? 신은 드린 말씀이 없는데요.

현명하십니다!

조조가 죽은 후 왕위를 이은 조비는 즉각 조식을 압박했다. 한편 조조의 셋째 아들 조창은 조조의 부고를 듣고 즉시 대군을 이끌고 허창으로 향했다.

셋째 형!

혹시 절 죽이러 오셨나요?

무슨 소리! 줄곧 북방에서 오랑캐와 싸우느라 아우를 오랜만에 만났는데 정말 많이 컸구나!
저처럼 도성에 처박혀 있지 않고 나라를 위해 큰 공을 세운 셋째 형이 너무 자랑스럽습니다.

부왕께서 원래 너를 세자로 삼으려 하셨는데 둘째 형이 위왕에 오르다니!
말도 안 돼!
둘째 형은 속이 좁아 우리를 용납하지 않을 테니 먼저 선수를 치자!
절대 그래선 안 됩니다.

원소의 아들들이 안에서 다투다 패망한 전철을 밟을 수는 없습니다.

게다가 부왕께서 방금 돌아가셨는데 모질게 둘째 형과 전쟁을 벌이다니요…
에고, 착하기도 해라.
쯥, 아우의 말이 옳다.

셋째 왕자가 병사를 성 밖에 두고 혼자서 성에 들어왔습니다.

그는 분별이 있으니 내버려 두어라.

하지만 조식은 절대 놓아줄 수 없다!

조비는 자신의 라이벌이었던 동생 조식을 죽이고자 했다.
대왕, 절 무슨 일로 부르셨습니까?
찌릿ㅡ

네가 조창과 반란을 모의했다는 밀고가 들어왔다. 당장 해명해 봐라.
반란이요?

이건 모함입니다. 셋째 형과 전 절대 그런 일이 없습니다.

셋째는 용감하지만 지략이 없어서 남에게 이용당하기 일쑤다. 이런 그를 네가 꼬드기지 않았느냐!
전 억울합니다!

그럼 형제의 정분을 봐서 네게 기회를 주겠다.

너는 시를 잘 짓지 않느냐?
일곱 걸음 안에 시를 지으면 살려 주겠다!

일보!
뚜벅

이보!
골똘~
뚜벅

콩깍지를 태워 콩을 삶으니

삼보!
빨리도 센다!
뚜벅

사보!
콩이 가마솥 안에서 눈물 흘리네.
뚜벅

……

오보!
본디 같은 뿌리에서 났건만

육보!

칠보!

어찌 이다지도 급히 삶아 대는가!
아우야…
오, 정말 지었어!

……
뭉클~

가거라.
감사합니다!

골육상쟁을 노래한 조식의 칠보시에 마음이 흔들린 조비는 이후 줄곧 조식을 경계하고 시기하면서도 심하게 박해하지는 않았다. 이후로 조식은 시가에 몰두하여 대대로 칭송받는 명시를 다수 지었다.

삼
국
下
三國

유비劉備

서한시대 중산정왕中山靖王 유승劉勝의
후예로, 영제靈帝 말년에 황건군을
토벌하는 공을 세우면서
정치 무대에 등장했다.
후에 삼고초려로 제갈량을 얻어 촉한을
개국하고 소열제昭烈帝에 올랐다.

육손陸遜

본명은 육의陸議.
삼국시대의 유명한
정치가이자 군사가로
오나라에서 대도독,
상대장군, 승상을
역임했다.

제갈량諸葛亮

자는 공명孔明, 호는 와룡臥龍
으로 삼국시대의 걸출한
정치가이자 전략가이다.
살아 있을 때 무향후武鄕侯에
봉해졌고, 죽은 후 시호는
충무후忠武侯였다.
「출사표出師表」등의 명문을 남기고,
목우유마, 공명등 등을 발명했다.

마속馬謖

시중인 마량馬良의 동생.
승상 제갈량이 참군에
등용했다. 그러나 북벌에
나섰을 때 작전 실패로
가정을 잃어 제갈량에게
참수되었다.

사마의司馬懿

위나라의 걸출한 정치가이자
군사가로 서진西晉의 기초를
다진 인물이다.
사마염司馬炎은 황제가 된 후
그를 선황제宣皇帝로 추존*했다.

* 추존追尊
    왕위에 오르지 못하고 죽은 이에게
    임금의 칭호를 주는 일.

강유姜維

삼국시대 촉한의
군사가. 원래는 조위의
천수군 중랑장이었지만
후에 촉한에 항복하고
벼슬이 양주자사,
대장군에 올랐다.

사마소司馬昭

서진의 태조인
문황제文皇帝로
조위의 권신이자
서진의 창시자이다.
서진의 개국 황제인
사마염의 부친이다.

유선劉禪

유비의 장자이자 촉한의
2대 황제. 촉한 후주後主로
아명은 아두阿斗이다.
훗날 위나라에 투항하고
안락공安樂公에 봉해졌다.

완적阮籍

삼국시대의 시인이자
건안칠자* 중 한 명인
완우阮瑀의 아들이다.
일찍이 보병교위를 역임해
'완보병'이라 불렸으며,
노장의 학문을 숭상했다.

* **건안칠자**建安七子
　동한 건안 때, 시문에 뛰어난 일곱
　사람의 유명한 문학가를 이르는 말.

혜강嵇康

삼국시대의 저명한
거문고 연주가이자
철학가로 음률에
정통했다.

가충賈充

서진의 개국 공신.
대담하게도 위의 황제를
죽이라고 지시했다.

유비의 복수심에서 시작된 이릉 전투

동오가 형주를 급습해 관우를 죽이자 유비는 오로지 복수만을 생각했다. 그러나 승상 제갈량은 조위가 가장 큰 적이라며 동오 정벌에 반대했다. 유비가 이러지도 저러지도 못하고 있을 때 복수심에 불타는 장비가 주둔지에서 곧장 성도로 달려왔다.

대신들이 모두 동오와의 전쟁을 반대하는 통에 짐도 어찌해야 좋을지 모르겠다.
대신들이 우리의 맹세를 어찌 알겠습니까! 폐하께서 가지 않으시면 저 혼자라도 가겠습니다!

좋다, 너는 먼저 돌아가 군마를 정비해라. 짐과 강주에서 합류해 함께 동오를 정벌하고 원한을 갚자!

그럼 저는 먼저 가 보겠습니다.
장비야, 잠깐만!

들자니 네가 항상 폭음을 하고 사병들을 매질한다던데 그 습관은 반드시 고쳐라!
너무 걱정 마세요.

제갈량이 재차 유비의 동오 정벌을 만류하던 그때……

동오 정벌은 심사숙고 하시지요.
승상은 계속 만류하는구나……

거기장군 장비의 부장 오반이 서신을 보냈습니다.
부장이?

아, 장비가 죽은 게 틀림없다.

폐하의 예상이 맞았습니다. 장 장군이 원한을 품은 수하에게 암살되었군요.
반역자들이 장 장군의 목을 들고 동오로 도망쳤답니다.
맙소사!

출병도 하기 전에 대장이 죽었으니 잠시 출격을 미루십시오.
장비야, 장비야~!

관우, 장비가 모두 동오 때문에 죽었는데 이 원한을 갚지 못하면 죽어서 무슨 낯으로 그들을 본단 말이냐!

승상은 더 이상 만류하지 마시오. 짐은 즉각 출병해 손권과 결판을 내겠소!

221년, 유비는 제갈량의 반대를 무릅쓴 채 오반吳班, 풍습馮習을 선봉으로 삼아 8만 대군을 이끌고 동오로 진격했다.

폐하!

오반, 풍습 장군이 오군을 격퇴하고 자귀로 진군 중입니다!
잘됐구나!

대군은 속히 행군하여 오늘밤 자귀에서 휴식을 취한다!
좋아!

황권黃權, 수군을 이끌고 동쪽으로 내려가 짐과 이릉夷陵에서 합류해라!
예, 폐하!

유비는 파죽지세로 이릉까지 내려가 손권의 군대와 다시 전투를 벌였다.

풍습, 감히 남의 나라 땅을 침범하다니. 오늘이 네 제삿날이다!

손환孫桓, 흰소리 집어치우고 내 창을 받아라!

챙—

댕
댕
댕
댕

손환, 자신 있으면 달아나지 마라!
제길, 왜 징을 울리는 거야?

왜 징을 쳐 퇴각을 알리느냐?
이길 수 있었는데.

아군 후방에 대규모 촉군이 나타났습니다!

뭐?
와ー
와ー

저들이 어떻게 우리 뒤로 돌아 온 것이냐?
아무래도 수군이 장강을 따라 내려온 것 같습니다.

빨리 성 안으로 퇴각하라!

오군이 달아 나지 못하게 추격하라!

다 다 다

빨리 성문을 닫아라!

흥! 빨리도 달아났구나!

건업

아군이 연전 연패하고 유비가 우리 땅 수백 리까지 들어온 것은 큰 치욕이다!
지금 손환이 이릉에서 곤경에 처했는데 누가 구하러 가겠느냐?
누구 없어?!

주유 다음에 노숙이 있었고, 노숙 뒤에 여몽이 있었다. 지금은 여몽이 죽어서 나와 근심을 나눌 이가 없구나.
자네가 가 보게.
내가? 글쎄…

신이 유비를 물리칠 자를 추천하겠습니다.
그래? 누구냐?

전에 여몽이 형주를 취할 때 육손이 큰 공을 세웠습니다. 비록 서생이긴 하나 재능이 아주 뛰어납니다.
맞다!

육손을 대도독에 임명해 삼군을 거느리고 유비를 막으라고 일러라!

얘기해 주지 않았으면 깜빡할 뻔했구나.

이릉

대도독을 뵙습니다!

다들 예를 생략하고 군영으로 들어가 대책을 논의합시다.
예, 대도독!

주태周泰, 전선이 긴박한데 오왕은 왜 저런 서생을 대장으로 삼은 걸까?
휴, 이번 싸움은 어렵겠어. 한당韓當, 자네도 몸조심하게나.

각 장군들은 현재 대치 중인 상황에 대해 설명해 보시오.

손환이 이릉성에서 곤경에 처해 있으니 속히 군사를 동원해 구원해야 합니다.

촉군의 기세가 등등하여 지금으로서는 굳게 지키는 방법이 최선이오.
하지만 손환은 오왕의 친척이라 구하지 않을 수 없습니다.
반대요~

사병들이 손환을 우러러 받들고 이릉성도 견고하여 크게 걱정할 필요가 없소.

흥! 도독은 싸움을 겁내는구려. 서생이 무슨 전투를 지휘한단 말이오!
주 장군 ……

유비는 천하에 이름을 날려 조조도 그를 기피했소. 아군이 연전연패하는 상황에서 공격은 좋을 것이 없소.
오왕께서 날 대도독에 임명했으니 내 명을 거역하는 것은 오왕에 대한 반역이오!
감히 권력으로 우릴 억누르다니!

유비가 선봉 오반을 보내 도발하는데 진용이 어수선하고 대부분 늙고 병든 병사들입니다.

알겠다. 물러가라.

이 좋은 기회에 출전하지 않으면 우리 같은 장수가 무슨 쓸모가 있겠습니까?
맞습니다. 명만 내리시면 당장 촉군을 모조리 쓸어버리겠습니다.

좋소. 함께 출전합시다!

유비가 제갈량에게 후사를 부탁하다

연전연승으로 촉군은 사기가 충만한데
유비는 왜 저런 늙고 병든 군사들을 보낸 거지?

출전을 불허한다. 저 안에 분명 계략이 숨어 있소!
도둑!

내 명령 없이 출전하는 자는 목을 벨 것이오!
휴……

폐하, 오군이 나올 기미가 전혀 보이지 않습니다.
에휴, 찐다 쩌!
날씨가 너무 덥다. 복병들과 오반에게 철수하라고 명하라.
예!

평지는 습하고 더우니 군사를 삼림이 우거진 곳으로 이동시켜 더위를 피하게 해라.
예, 폐하!

다다다
다다다

내 예상이 맞았군. 유비가 과연 복병을 매복해 놓았어.
엇, 정말!

복병이 철수하는 마당에 그들을 추격할까요?
너무 서두르지 마시오. 지금은 굳게 지키며 힘을 비축할 때요.
안 돼!
그럼 대체 언제 유비와 싸운단 말입니까? 계속 시간만 끌 수는 없습니다.
호시탐탐 우릴 노리는 위나라도 언제 쳐들어올지 모르는 상황인데……

오·촉 양군이 이릉에서 수 개월을 대치하는 동안, 촉군이 아무리 도발해도 육손은 꿈쩍하지 않았다. 촉군의 병영 길이가 7백 리나 이어질 만큼 위세가 대단했지만 육손은 그 안에서 약점을 찾아냈다.

촉군이 막 도착해 안정되지 않았을 때는 싸움을 피하더니
지금은 이미 영채가 견고하고 방비를 갖췄는데 어떻게 공격한단 말입니까?

유비는 산을 등지고 영채를 설치한 데다 군영이 끝없이 이어져 있소. 지금 날씨가 메마르고 밤에는 강풍이 세게 부니 횃불 하나면 끝이오!
단 하나!

오, 그렇군요. 명령만 기다리겠습니다!
명령만 내려주십시오!

유비 진영
漢

오늘밤 왜 자꾸 심장이 두근거리지?

폐하, 앞쪽 군영에 불이 났습니다!
뭐?

맙소사!
화르륵 —
활활!

오군이 쳐들어온다. 빨리 달아나자!
앗, 뜨거!
관우, 장비야, 이 형을 좀 도와다오~!
오군이 사방에 불을 놓았으니 빨리 절 따라오십시오!
짐은 갈 수 없다!

유비는 수차례 죽을 고비를 넘기고 겨우 백제성에 도착했다.

백제성

漢
폐하께서
돌아오셨다!

폐하!
만신창이
漢

풍습,
장남이 전사하고
유영과 두로는 동오에
투항했습니다.
……

그리고
황권은 위에
투항했습
니다.
위에 투항
했다고?

유비는 백제성에 도착한 이후 크게 후회하다가 병을 얻어 일어나지 못했다. 유비는 곧 죽을 것을 알고 제갈량 등 대신들을 백제성으로 불러 뒷일을 부탁했다.

승상의 재능은 조조보다 열 배는 나으니 꼭 한 왕실을 부흥할 것이라고 믿소.
승상이 태자를 잘 보좌하다가 만약 그가 재목이 아니라면 승상이 그의 자리를 대신 하시오.
말씀 거두세요!

폐하께서 절 알아 주신 은혜를 어찌 다 갚을 수 있겠습니까? 전심 전력으로 태자를 보좌하겠습니다!

성도를 지키는 태자에게 승상이 몇 마디 말을 전해 주시오.
폐하, 말씀 하십시오.

선이 작다고 행하지 않아서는 안 되며, 악이 작아도 행해서는 안 된다고 말이오.
신이 꼭 전달하겠습니다.

음,
다음엔…
자룡……
대령했습니다!

짐과 그대는 환난 중에 친분을 맺었으니 옛정을 봐서 태자를 잘 보필해 주시오.
신, 충성을 맹세하겠습니다!

경들에게 일일이 당부할 순 없지만 모두 잘 지내길 바라겠소. 그만들 물러가시오. 이제 좀 쉬고 싶구려.
폐~하~!!

운장, 익덕 ……
형님 생각 많이 했습니다.
형님, 우릴 잊지는 않으셨죠?
나도 너희들 생각 많이 했다!
그럼, 그렇고 말고…

아우들아, 내가 곧 간다 ……

223년, 유비는 백제성에서 향년 63세로 세상을 떠났다. 태자 유선이 제위를 잇고, 승상 제갈량은 유선을 도와 나라를 다스렸다.

제갈량, 울며 마속의 목을 베다

유선이 제위에 오른 후 국가대사를 도맡게 된 제갈량은 치국에 온힘을 기울여 먼저 내란을 평정하고 동오와 다시 우호관계를 맺었다.

228년, 제갈량은 나라가 안정되자 북벌을 단행, 연이어 3개 군을 빼앗았고, 이에 위나라는 장합*을 파견해 맞서 싸우도록 했다.

* 장합張郃
위나라의 장수. 원래 원소의 수하였다가 관도 대전 때 조조에게 투항했다. 제갈량의 북벌을 막는 데 큰 공을 세웠다.

군령장을 써 놓고
가죠. 만약 가정을
잃으면 제 목을
내놓겠습니다!

또 장합은
위나라 명장으로
너는 절대 적수가
안 된다.
승상께서
염려가
되신다면

그 정도 각오면
좋다. 네게 가정
을 맡기겠다.
감사합니다.

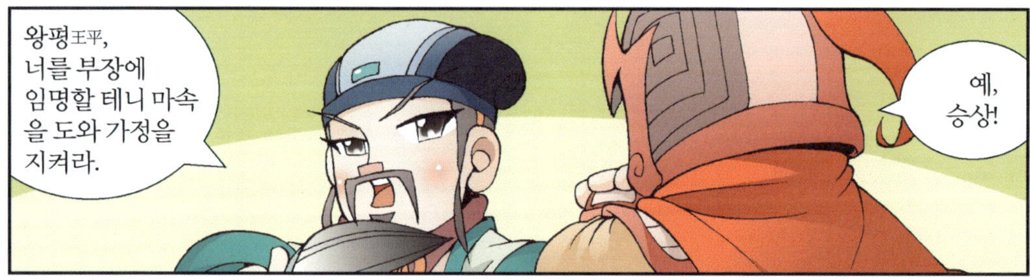

왕평王平,
너를 부장에
임명할 테니 마속
을 도와 가정을
지켜라.
예,
승상!

적군이 지나는
주요 길목에 영채
를 세워 장합에게
절대 기회를
주지 마라!
알겠느냐?
명심하겠
습니다!

마속은 왕평과 함께 군사를
이끌고 가정으로 출격했다.
그는 제갈량이 자신을 못 미
더워하는 데 불만이 많았다.

승상은 지나치게
조심성이 많소. 가정
은 사방이 산인데
장합에게 무슨
기회나 있겠소?
……
장합이 곧 당도
할 테니 승상의
지시에 따라 여기
에 영채를 차리
십시오.
여기에
영채를요?

하하,
그대는 병법을
전~혀 모르는
구려.
기고만장

험난한 산중에
영채를 차리면
장합은 절대 우릴
공격할 수 없소.

장합도 대군을 이끌고 곧 가정에 도착해 촉군의 동향을 살폈다.

하하, 넓은 대로를 놔두고 산 위로 올라가서 어찌 자는 거지?
장군의 말이 맞습니다. 마속은 병서나 달달 외운 서생이라 임기응변을 모릅니다.

제갈량이 어찌 이런 자를 대장으로 삼은 걸까?
마속과 제갈량은 사이가 좋아 마치 부자처럼 친하다 합니다.

또 다른 촉군 부대가 있느냐?
전방 대로에 왕평이 영채를 치고 있는데 군사는 많지 않습니다.

그럼 먼저 마속을 해치운 후 왕평을 접수한다.
기다려라, 마속!

마속 진영

화살과 돌을 넉넉히 준비해 위군이 올라오면 따끔한 맛을 보여줘라!

위군이 우릴 사방으로 포위 했습니다!

멍청한 장합, 아군의 병사가 많아서 포위는 두렵지 않다.

그런데 저들이 물길을 끊어서……
뭐?

산 위는 물이 모자라니 빨리 물 있는 쪽 포위를 뚫어라!
예!

위군의 방어가 삼엄해 돌파가 불가능합니다.
대체 뭐가 잘못된 거지?

아, 왕평의 구원을 기다리는 수밖에 없는 건가.

왕평은 마속이 위험에 처하자 즉각 달려갔지만 장합이 길을 막아섰다.

마속은 독 안에 든 쥐라 절대 구하지 못한다!

시끄럽다!

챙—

하하,
너는 내 적수가
못 된다!
헉헉
……

장합의 실력을
당해 내긴 어렵다.
일단 철수한 뒤
다시 계책을
세우자.

전군은
철수하라!
왕평이
도망친다!
쫓지 마라.
대어는 바로
마속이다!

곤경에 빠진 촉군은 배고
픔과 갈증까지 더해 전군
이 거의 몰살되었다. 마속
은 수하 몇 명만 데리고
겨우 포위를 빠져 나왔다.
몰살
이라니…

마속, 네 죄를
알겠느냐?

제가 명을 어겨 전군이 몰살되었으니 폐하와 승상을 뵐 면목이 없습니다!

죄를 인정했으니 당장 형을 집행하라.
탁!
승패는 병가지상사인데 마속에게 한 번 더 기회를 주십시오.

한 번 더 기회를 주시길 청합니다!
기회를…
漢
漢

마속은 떠날 때 군령장을 쓰고 갔소. 만약 법대로 따르지 않으면 군령이 무슨 소용이요?
엄격!

다들 절 위해 애쓰지 마십시오. 제 죄가 너무 커서 죽음으로써 승상께 사죄드리고 싶습니다.

아……

무엇을 망설이느냐? 목을 쳐라!
자아!

흑흑……
승상!

이미 마속을 참하기로 결심 하시고선 왜 우십니까?
마속 때문에 우는 게 아니오.

제갈량은 1차 북벌 초기에는 양주의 3개 군을 수복하고 청년 장수 강유를 얻는 등 큰 성과를 올렸다. 하지만 마속을 잘못 기용하는 바람에 성공을 눈앞에 두고 부득불 군대를 철수해 귀국해야만 했다.

제갈량이 여섯 번 북벌을 단행하다

*암도진창暗渡陳倉
겉으로는 잔도를 수리하는 체하면서 몰래 군사를 돌려 진창을 건너 기습한다는 말. 적을 현혹하여 목적을 달성할 때 쓰는 표현이다.

우리 모두 제갈량의 적수가 되지 못한다. 굳게 지키기만 하면 촉군은 군량이 다 떨어져 자연히 돌아 갈 것이다.

그렇다면 양주에 파견한 정예병을 불러 함께 제갈량과 결전을 벌이도록 하자.
양쪽에서 협공을 가하자 는 것이죠! 좋습니다.

계속 싸움을 피해 아군의 사기가 크게 꺾였다 는 말이 폐하 귀에 들어 가면 좋을 게 없습니다.

제갈량 진영

보십쇼. 사마의는 또 영채에 숨어서 나오 지도 않습니다. 이렇게 가다간 아군 식량이 바닥나게 됩니다.
또 시작이군.

* 양의楊儀
촉한의 관료. 제갈량을 수행하며 대소사를 맡아 처리했다. 제갈량 사후 위연을 제거했다.

과연 승상의 예측을 벗어나지 않았습니다. 이제 어떻게 해야 할까요?

사병들 교대 날짜가 되지 않았느냐?

절반을 교대하기로 되어 있습니다. 하지만 위나라 대군이 몰려오는 상황이라 잠시 대기하도록 명하시죠.
맞습니다. 이 전투가 끝난 다음 돌려보내십시오.

전쟁은 신의가 가장 먼저다. 부모와 처자들이 그들이 돌아오길 눈이 빠지게 기다리는데 약속을 어길 수는 없다.

제갈량은 귀환 명령을 내리고 적군에 대처할 방법을 고민했다. 그때……
사병들이 적군이 몰려온다는 것과 승상께서 신의를 중히 여긴다는 말을 듣고 승상을 뵙겠다고 난리입니다!

그러하냐? 내가 나가 보겠다.

저희는 위군과 싸워 승상께 보답한 뒤 집으로 돌아가겠습니다!

기왕 그렇다면 양주 병사들이 곧 도착하니 그들이 숨 돌릴 틈을 주지 말고 즉각 공격하라!
암, 이게 진정한 군대지. 므흣~
예!
예!

다
다
다

위군 진영
漢

돌격하라!
漢
촉군이다. 빨리 달아나자!

도착하자마자 이게 뭐람.

어딜 도망 가느냐!
죽어라!
악!

정말 통쾌한 전투였어.
하하!
줄행랑치는 위군 꼴이 가관도 아니었습니다!
승상!
아군이 방금 대승을 거뒀는데 기쁘지 않으십니까?
표정이 영~

한번 보게나.

이런!

폭우가 내려 양식을 운반할 수 없다고 한다.
그럼 어쩌죠?

양식이 없으니 철수 하는 수밖에.
에휴!

사마의는 야심 차게 준비한 공격이 실패로 돌아가자 영채를 굳게 지키며 나오지 않았다.

제갈량은 정말 대단해. 20만 양주 정예병이 간담이 서늘해질 정도로 박살 났으니, 원.
명성대로…

촉군이 지금 철수 한다는 보고가 들어왔습니다!
정말이냐?

분명 식량이 다 떨어져 제갈량이 부득이 철수하는 거요.
그렇다면 당장 추격하시죠!

제갈량은 일처리가 신중해 철군하면서도 대비가 있을 것이오.
걱정 마십시오. 험준한 지형에 이르면 최대한 조심하겠습니다.

일이 지체되면 안 되니 당장 추격하겠습니다.

장 장군, 조심하길 바라오!
알겠습니다.

촉군의 후방 부대를 다 따라잡았습니다.
때가 왔군!

* 치중輜重
　군대의 여러 가지 물품을 통틀어 이르는 말. 탄약, 식량, 장막, 피복 따위를 이른다.

제갈량은 다시 한 번 대승을 거두고 명장 장합을 죽였지만 군량 문제로 퇴각해야만 했다. 그는 총 여섯 번 북벌에 나섰는데, 모두 기산 부근으로 진출하여 이를 '육출 기산'이라 부른다.

오장원에서 큰 별이 지다

제갈량은 여러 차례 북벌에 나섰지만 후방 보급 문제로 인해 번번이 실패하고 말았다. 234년, 제갈량은 마지막 북벌에서 오장원五丈原에 주둔한 후, 사병들도 백성과 함께 농사짓게 하여 장기전에 대비했다.

*탁고託孤
고아의 장래를 믿을 만한 사람에게 부탁함.

하하, 제갈량이 나를 아녀자라 놀리다니.
제갈량이 우릴 이토록 모욕하니 먼저 사신을 죽이고 제갈량과 결전을 벌입시다!
교전 중에 사신을 죽이는 법은 없소!
무례히 굴지 마라!
흥!

제갈량께선 업무는 어떻게 보고 식사량은 어떠하냐?
그건 왜?
승상께서는 모든 업무를 친히 재가하시고 식사량은 아주 적습니다.

그만 돌아가라.
그럼 이만.

하하, 제갈량은 업무가 과중하고 식사량이 적어 얼마 버티지 못한 것이다.

싸울 마음이 없었던 사마의는 어명을 핑계로 재차 시간을 끌었다.

에헴

폐하께서 출전을 불허한다고 명하셨소!

폐하께서 하사 하신 지팡이가 여기 있다. 누가 감히 어명을 거역하느냐!

어사도 왔으니 그냥 출전을 허락 해 주십시오.
제갈량을 격파하면 폐하 께서도 용서해 주실 겁니다.

그럼 혹시……

에이 ……
헤헤.

이 소식은 당연히 제갈량의 귀에도 들어갔다.
위제가 신비를 보내고 나서 위군의 움직임이 더 조용해졌습니다.
사마의는 본래 싸울 마음이 없었다. 다만 장수들을 무마하기 위해 위제에게 하명을 청한 것뿐!
장수가 밖에 있으면 군명을 따르지 않는 법인데 굳이 위제에게 물어볼 필요가 있겠느냐?

동오와 함께 위를 공격하기로 약조했으니 동오가 승리하기만을 바라야겠군요. 그래야 사마의가 회군해 지원에 나설 테니까요.

승상, 동오가 패했답니다!

저에게 일부 병사를 주시면 지름길로 장안을 급습해……
으…윽

휘~청~
승상, 승상!

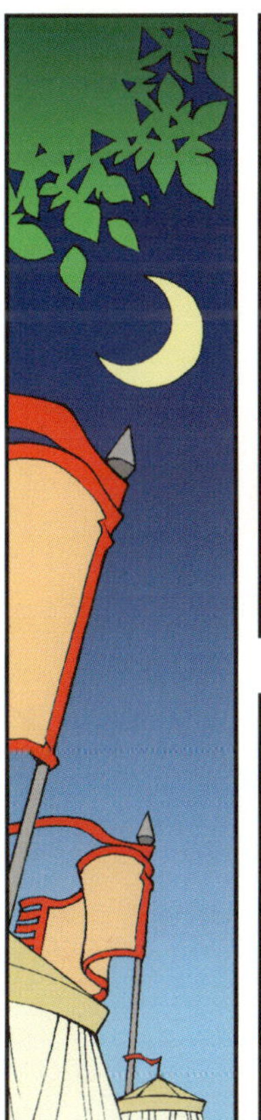

내 수명이 이제 다했으니 여러분은 폐하께 충성을 다하길 바라오.
양의楊義, 이리 오게.
승상, 하명하십시오.

내가 죽으면 위연을 통제하기 어려울 것이다. 너희가 회군할 때 그를 떼어 놓고 가거라.
명에 따르겠습니다.

강유, 잠시 밖으로 나가자.
예, 승상.

183

나는 본래 일개 농부로 난세에 목숨만 부지하길 바랐었네.
그런데 선제께서 미천한 나를 마다하지 않고 삼고초려하셨지.

중원을 회복해 선제의 은혜에 보답하려 했지만 천명이 여기서 다할 줄이야!

승상!
이복, 여기까지 어쩐 일이오?

폐하께서 승상의 몸이 좋지 않단 얘길 듣고 특별히 저를 보내셨습니다.
시간이 없으니 폐하께서 부탁한 일을 빨리 말해 보시오.

폐하께서 승상의 직위를 누가 이어야 하는지 물으셨습니다.
장완이오.

장완 다음은요?
비위요.

장완, 비위 다 나이가 많은데 그들의 뒤는 누가 이어야 하나요?

다… 다음은…
앗, 승상?

승상!
승상!
투 욱
234년, 제갈량은 북벌의 꿈을 이루지 못하고 결국 오장원에서 숨을 거두고 말았다.

사마의 진영

촉군이 철수합니다!

제갈량이 죽은 게 틀림없다!
나이스!!

추격할까요?
당장 추격 하라!
당근!

다
다
다
司馬

거기 서라!
강유는 목숨을 내 놔라!

앗, 제갈량이 살아 있다니!
오잉?!

넌 우리 승상의 계책에 그대로 걸렸다!
햣!

철수하라!

다
다
다

승상께서는 사마의가
나무 인형에 속아
넘어갈 줄 정확히
알고 계셨어.

죽은 제갈량이
산 사마의를
쫓아내다니.
대단해—

제갈량이 죽은 후 양의는 사람
을 보내 명령에 따르지 않는 위
연을 죽였다. 촉은 이 내전을 겪
으며 국력이 크게 쇠퇴했다.
승상…

사마의가 꾀병으로 조상을 속이다

위 명제明帝 조예曹叡가 죽고 제위를 이은 조방曹芳은 겨우 여덟 살이라 대권은 대장군인 조상* 손에 있었다. 그가 태부 사마의를 심하게 배척하자, 사마의는 병에 걸린 척하며 조상의 박해를 겨우 피했다.

* 조상曹爽
위나라의 권신. 대권을 장악했지만 사마의를 지나치게 견제하다가 결국 그에게 죽임을 당했다.

사마의의 저택

태부,
이승이 뵙기를
청합니다.

이승은 조상의
사람이라 필시 내
병세를 살피려고
온 것이다.

가만~

기다려라. 내가
침상에 누운 후 그
를 들여보내라.

태부께 인사
올립니다.

이 대인
이구려.

제가 형주자사로
부임하는 길에
태부께 작별 인사를
드리러 왔습니다.
병주는 흉노
와 가까우니 이
대인은 몸조심
하시구려.

병주가
아니라 형주로
간다고요.
뭔 소리야
방금
병주에서
왔다고?

허참,
태부의 병이
어찌 이리도
깊으신가?

태부께선
귀가 머셨습
니다.
뭐요?!

무울……
물……

천천히 드세요.

질~
질~

저는 이만 가 보겠습니다. 편히 쉬십시오.

노부의 두 아들이 재주가 없으니 내가 죽으면 이 대인이 잘 돌봐 주시오.
안심해도 되겠구나. 흐흐
여부가 있겠습니까.

이승이 속아 넘어 갔다. 이제 조상이 날 의심하지 않을 거야.
완벽해!

대장군, 어디 가십니까?
선제께 제사 드리러 폐하를 모시고 고평릉에 가네.

참, 사마의 일은 어찌 됐나?

하하, 이제야 마음이 놓이는구나!
오늘 조상께 제사 드리러 나온 김에 신나게 놀아 보자!

태부의 병세가 너무나도 깊어 보기에도 안쓰럽더군요.
쯧쯧

혹시 모를 변고를 막기 위해 친위대에게 낙양을 지키도록 하십시오.
변고라고?

감히 누가 내게 반역을 꾀하겠느냐!
하지만……

그만해라. 그럼 네가 남아 낙양을 지키든가!

사마의의 아들들이 이 소식을 가지고 즉시 사마의에게 달려갔다.

아버지, 조상이 폐하를 모시고 고평릉으로 출발했습니다!

드디어 기회가 왔다. 나는 즉시 궁으로 들어가 태후께 조상을 토벌하는 조서를 내리도록 청하겠다!

너희들은 빨리 내 옛 부하인 사도 고유와 태복 왕관에게 연락해 낙양 군영을 점령하라고 일러라!
알겠습니다!

사마의는 즉시 군대를 정비하여 낙양으로 쳐들어갔다.

대인, 사마의가 반란을 일으킨 것 같습니다!
쿵쿵

사마의는 중병에 걸려 누워 있지 않느냐?
사마의가 태후궁으로 들어가는 것을 소인이 똑똑히 봤습니다. 병에 걸린 모습이 아니었습니다.

이 사실을 빨리 대장군에게 알려야 한다!

다다다
쉬一
魏
魏

팍

하하, 폐하께서 맞히지 못했습니다.
그럼 대장군이 한번 쏘아 보시오.

대장군!
다다다

환범, 여기 까지 무슨 일로 왔나?

사마의가 반란을 일으켜 이미 낙양을 점령하고 대장군을 잡으러 오고 있습니다!
뭐라고?

이제 어찌하면 좋겠소?
시…신도 모르겠습 니다.

대장군은 폐하를 보호해 허창으로 가서 병사를 소집한 후 낙양을 공격하십시오.

하지만 내 가솔들이 모두 낙양에 있는데……

큰 재난이 임박했는데 아직도 상황 파악이 안 되십니까?
태부는 장군을 절대 놓아주지 않는다고요!

오늘밤 안으로 허창에 도착하면 폐하의 명의로 전국에 병사를 소집하십시오. 절대 지체해서는 안 됩니다!
그래도… 아…알았다구!

대장군!

태부께서 대장군이 병권만 내놓으면 더는 따지지 않겠다고 하십니다.

병권만 내놓으면 된다고?
예, 절대 대장군을 해치지 않는다고 약속하셨습니다.

저들의 말을 믿지 마십시오!

권력이 무슨 필요가 있어. 난 백만장자로 살면 만족한다고.
헤~

ㅎㅎ……

조진이 어찌 이런 멍청한 아들을 낳았는고. 가면 너는 멸족을 당하고 만다니까!
……

모두 낙양으로 돌아간다!
재산도 지키고 가족도 살리고 이게 바로 일석 이조지!

조상이 투항한 후 그의 전 가족은 사마의에게 죽임을 당했다. 이로써 대권은 사마의의 수중으로 들어갔다.

가충이 조위의 황제를 시해하다

이 일은 급히 서두를 필요 없다. 좀 더 생각해 보기로 하자.

사마씨의 횡포가 심해지자 조모는 결국 이를 참지 못하고 대신과 시위들을 모아 놓고 사마소를 성토하며 그를 치려고 했다.

사마소가 대권을 거머쥐어 짐은 그에게 조종당하는 꼭두각시에 불과하다!
그야 다 아는 사실이지.

충의지심을 가진 자는 짐을 따라 이 역적 놈을 처단하는 데 동참하라!

황제 폐하 만세!
기꺼이 폐하를 따르겠습니다!
사마소를 죽이자!

폐하, 고정하십시오!

왕경王經, 나와 함께 사마소 이 역적 놈을 없애러 가지 않겠느냐?

춘추시대 노 소공은 계씨의 전횡을 견디다 못해 그를 제거하려 했다가 도리어 임금 자리에서 쫓겨났습니다.

지금 사마씨의 세력은 계씨보다 크지만
폐하의 실력은 노 소공만 못합니다.

흥! 사마소가 제위를 찬탈하려 한다는 것은 바보, 천치도 다 알고 있다.

짐은 차라리 죽을지언정 그의 꼭두각시 노릇은 못하겠다!
탁ー

왕침王沈, 왕업王業, 너희들도 왕경처럼 두려운 것이냐?
왕경의 말이 옳습니다. 감정적으로 처리해서 될 문제가 아닙니다.
진공의 세력은 천하에 퍼져 있는데 폐하께서 이 오합지졸로 어떻게 진공을 이기겠습니까?
쓸모 없는 것들!
사람마다 생각이 다르니 강요하지는 않겠다. 그만 물러가라!

아……

진공 제거 음모는 구족을 멸할 죄니 그냥 자수합시다.
폐하 때문에 목숨을 버릴 이유는 없소.

헛소리 마라!
폐하께서 이런 모욕을 당하는데 신하된 자가 구차하게 살 궁리만 하느냐!
그럼 자네나 충신이 되라고. 나는 돌볼 가솔이 많아서 목숨을 부지해야겠네.
몸조심 하게나.

배은망덕한 놈들!

조모는 궁중의 인원 3백 명을 이끌고 사마소 공격에 나섰다.

황제가 거느린 군대는 죄다 오합지졸이야.
사병, 환관에 하인까지 있다고.

돌격!
역적 사마소를
죽여라!

제 발로
죽으러 왔으니
날 탓하지
마라.

전투
대열을
갖춰라!

가충,
지금이라도
죄를 뉘우치면
용서하겠다!
황궁에 가만히 앉아 계시지
않고 진공을 제거하려 한
잘못이나 뉘우치시지요.

사마소와
한패거리인
너도 함께 죽여
주겠다!

와-
와-

누가 감히 황제에게 창을 겨누느냐!
군왕 시해는 사형죄야.
그래도 폐하신데.

망설이지 말고 찔러라! 진공이 너희들을 훈련시킨 목적이 무엇이냐?
여기서 물러나면 우리 모두 끝장이란 사실을 명심해라!
빨리 찔러라!

살려둘까요 아니면 죽일 까요?
진공께서 죽이라고 명하셨다.

감히 황제를 죽일생각이냐?
다다다

으악!

폐하, 폐하!

너희들이 결국 폐하를 시해했구나.

황제가 나이 어리고 철모르니 잘 타일렀어야 하지 않느냐!
진공, 기왕 벌어진 일입니다. 장례를 치르고 다시 얘기하시죠.

일이 크게 커졌는데 어찌 수습할 생각이냐?
황제가 난군 중에 죽었다고 하면 됩니다.
司馬
司馬

상서복야 진태陳泰는 명망이 높습니다. 그만 나서면 이 일은 무마될 것입니다.
헤헤~

폐하!

상서복야 진태 납시오!

진 대인, 오셨군요. 그대가 절 용서하지 않을까 걱정했습니다.

폐하께서 저 때문에 돌아가셨으니 세상 사람들이 절 어떻게 볼까요?
흉악범을 찾아 죽여야만 사람들의 논란을 잠재울 수 있습니다.

다른 방법은 없는 건가요?

휙!

저놈이다! 저놈이 폐하를 시해했다!
헉!

사마소, 너도 곱게 죽지 못할 것이다!

여봐라, 당장 저놈의 목을 베어라!
기껏 명령을 따랐건만!
억울합니다! 전 가충이 시킨 대로 했을 뿐입니다!

조모가 죽었으니 꼭두각시를 세우기보다 진공께서 직접 황제에 오르시죠.

진태 등의 반응을 보지 못했느냐? 위에 충성하는 신하들이 아직 남아 있어서 지금은 때가 아니다.
신중
위 무제가 한 헌제를 몰아내지 않았듯, 나도 조위를 남겨 두련다.
나중 일은 내 아들이 알아서 결정할 바다.
265년, 사마소가 죽었다. 몇 달 후 그의 아들 사마염은 위나라 황제에게 제위를 선양하도록 협박하고 진晉나라를 건립했다.

나라를 잃고도 향락에 빠진 유선

제갈량이 죽은 후 강유도 여러 차례 북벌에 나섰지만 별다른 성과를 거두지 못했다. 263년, 위나라의 종회鍾會와 등애鄧艾가 군사를 이끌고 반격에 나서 일거에 한중을 취하자 강유는 하는 수 없이 검각으로 물러났다.

하하!
왜 웃으십니까?
충아, 빨리 행낭을 꾸리고 음평으로 출발하자.
아버지, 정말 음평으로 가시려고요? 다른 방법은 없습니까?

등애의 무모함을 비웃은 거요. 음평 길은 험한 준령이 많아 굴러 떨어져 죽지 않아도 굶어 죽고 말 것이오.

등애 진영

종회의 코를 납작하게 만들려면 기필코 성도를 손에 넣어야 한다!
두고 봐라!

214

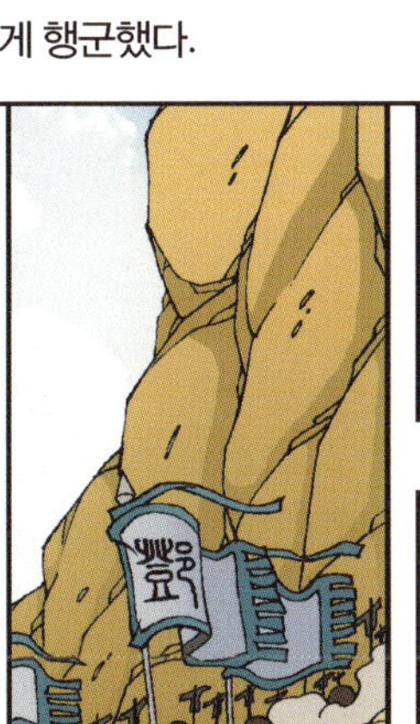

등애는 군사를 거느리고 높은 산과 깊은 골짜기로 이어진 험한 산길을 힘겹게 행군했다.

아버지, 꽉 잡으세요.

너무 오래 걸었습니다. 잠시 쉬었다 가시죠.
휴……

군사는 속도가 생명이다. 좀 더 가서 저녁 먹을 때 쉬도록 하자.

다들 조심해라!
어우… 끝이 안 보여.
무셔.

앗!
조심해!

으악!
으악!

으악-
살려 줘!

너무
무섭다.
덜~
덜~

밑을 보지 말
고 계속 가라.
잠시 후면 지나
갈 수 있다!
으······

앞이 낭떠러지라 더 이상 나아갈 수가 없습니다. 지금까지의 노력이 헛수고가 됐어요.
아버지!
왜 우는 거냐?

우리는 지금 7백여 리를 달려왔다. 앞이 바로 강유江油인데 어찌 돌아간단 말이냐?
포기란 없다!

호랑이굴에 들어가지 않으면 호랑이 새끼를 잡을 수 없는 법. 다들 공명과 녹봉을 얻고 싶지 않느냐!

나를
따르라!

정말 가파른
낭떠러지구나.
휙~

이제 어떻게
건너가죠?
좀 더
생각해
보자꾸나.

그래!
번뜩

다들 담요
를 꺼내 몸에
둘러라.

내가 먼저 갈 테니 나를 따라 해라.
아버지!

데굴~
데굴~

봐라! 이렇게 내려 오면 된다!

다들 저 방법대로 내려가자!
예!

데굴~
데굴~

앞이 바로 강유다. 함께 큰 공을 세울 기회가 왔다!
장군을 따르자!

다
다
다

봐라! 강유태수는 우리가 올 줄 꿈에도 모르고 성문을 활짝 열어 놓았다!
드디어!
돌~격!

등애는 강유 기습에 성공하고 나서 곧장 성도로 내달렸다. 촉의 후주 유선은 투항하여 낙양으로 압송돼 안락공에 봉해졌다. 이로써 촉은 멸망하고 말았다.

극정郤正, 사마소가 대체 무슨 일로 날 찾는 거요?
헉!
사마소라 불러서는 안 되고 꼭 진왕이라 부르십시오. 진왕의 권력이 황제보다 더 큽니다.
아차……

알겠소. 주의하리다.
당당하던 촉한의 황제가 지금은 진왕에게 벌벌 떠는 꼴이라니.

헤헤

너무 멋진 춤이야!

안락공, 촉한이 그립지 않소?

이곳 생활이 너무 즐거워서 전혀 그립지 않습니다.
저걸 말이라고!

후주 유선의 철없는 대답에 극정은 민망해서 식은 땀이 흘렀다.
왜 그렇게 말씀하셨습니까?
내가 뭐라 그랬지?
이곳이 너무 즐거워서 촉한은 그립지 않다고 하셨죠.

진왕이 다시 물으면 울면서 조상의 분묘가 촉 땅에 있어서 하루도 그립지 않은 적이 없었다고 대답하세요.

그래야 진왕이 주군을 촉으로 돌려보내지요.
알겠소이다.

크하하~
참~ 속 없는 사람일세.

예전 촉나라의 음악이 나오는데 조금도 고향이 그립지 않소?

조상의 분묘가 촉 땅에 있어서 하루도 그립지 않은 적이 없었습니다.

사마소는 유선의 이런 고분고분한 모습을 보고 더 이상 그를 의심하지 않았다. 이 일로 유선은 낙양에서 여생을 편하게 보냈다.

다만 후세 사람들만 깊이 탄식할 뿐이었다. 일대 영웅인 유비가 어찌 이런 얼뜨기 아들을 낳았는지 말이다!

은거하는 현자, 완적과 혜강

위나라 말기 사마씨가 정권을 장악하자 완적, 혜강을 비롯한 일부 지식인은 사마씨에 동조하지 않았다. 그들은 도가 사상을 숭상하여 예법에 매이지 않고 자연의 소박한 생활을 즐겼다. 이들을 일컬어 '죽림칠현竹林七賢'이라고 한다.

좋아.

너희들 미쳤어?

나 참!
저…저런 불효자 놈!

술~

옛다……

벌컥
벌컥

웩!

완적, 피까지 토하다니.

완적은 불효한 게 아니라 슬픔을 가슴 깊이 묻으려는 거야.

애간장이 토막토막 끊어진다는 말만 들었지, 실제로 보기는 처음이야.
세상에…

완적 모친의 장례식 날

완적,
죽은 사람은
돌아올 수 없으니
너무 상심하지
말게.

으흠

아무리 그래도
어머니가 돌아가
셨는데 눈물 한 방울
보이지 않나!

부모가 살아 계셨
을 때 효를 다하고
돌아가시면 마음으로
슬퍼하면 됐지, 꼭
세속적인 예를 따질
필요 있는가?

* 청백안靑白眼
  청안靑眼과 백안白眼. 친하게 대하는 눈매와 미워하는 눈초리를 가리킴.

*진인真人
　도교에서, 도를 깨쳐 깊은 진리를 깨달은 사람을 가리킴.

230

도와 더불어 유유자적하니 좋구려.
장례식장 아닌가? 말세구먼…

나도 바라는 바요!

그대가 혜강이오?
완적 그대의 명성은 오래전부터 들었소. 우리 친구로 지냅시다.

덜컹

혜강은 형체에 속박되지 않아서 나랑 딱 어울린다고.
완전 내 스타일!

좀 있다가 혜강을 만나면 깜짝 놀랄걸? 분명 쇠를 두들기고 있을 거야.

그의 재주나 가문이면 큰 벼슬을 할 수 있는데, 왜 세속을 피해 대장장이나 하는 거지?
그는 사마씨를 가장 싫어해서 죽는 한이 있어도 그 밑에서는 절대 벼슬을 하지 않을걸.

무쇠처럼 강직하고 굽히지 않는 정신을 드러내려 쇠를 두드리는 거로군.

들리지? 한창 쇠를 두드리고 있군.
뚝딱
뚝딱

뚝딱
뚝딱

원앙이 날아가며
급하게 날갯짓하네.
아침에는 고원을 노닐고
밤에는 난초 핀
물가에서 쉬네.

돌아가자.
왜?
혜강은 안
만날 거야?

저렇게 즐거워
하는데 굳이 흥을
깰 필요는
없잖아.
호…
흥이라고?

완적,
갑자기 왜
우는데?
흑흑
……

괴롭구나,
괴로워……

세상이 혼탁해져
간신이 득세하니
이상을 실현하기
어렵구나!

혜강이나 나나
한가로이 떠도는
구름과, 자유로이 노니
는 학처럼 살 수
없는 걸까?
아, 이 세상은
이마저도 허락
하지 않는
구나!

혜강은 풍속과 교화를 타락시킨 죄로 참수에 처한다!

조만간 이날이 올 줄 알고 있었다. 사마소가 자기편으로 끌어들이지 못한 사람은 다 죽이는구나.

죄를 뒤집어씌우려면 어찌 핑계가 없겠느냐!

혜강, 사형은 잠시 후 정오에 집행한다. 남길 말이 있느냐?

거문고를 타도 되겠소?
마지막 소원이니 들어주겠다.

사마씨 정권은 고압 정책으로 자신에게 반대하는 사람들을 박해했다. 혜강이 참수되자 완적, 향수 등은 어쩔 수 없이 산을 나와 벼슬을 지냈다. 하지만 그들은 관직에는 뜻이 없었고, 외려 독창적인 위진의 철학·불학·시가를 창조했다.

다음 권에 계속됩니다…